mini BIOGRAFÍAS

Leonardo da Vinci
El genio del Renacimiento

Textos: José Morán
Revisión: Isabel López
Ilustraciones: Carmen Guerra
Diseño y realización: delicado diseño

© SUSAETA EDICIONES, S.A.
C/ Campezo, 13 - 28022 Madrid
Tel.: 91 3009100 - Fax: 91 3009118
www.susaeta.com

Cualquier forma de reproducción o transformación de esta obra sólo puede ser
realizada con la autorización del titular del copyright. Diríjase además a CEDRO
(Centro Español de Derechos Reprográficos, www.cedro.org) si necesita
fotocopiar o escanear algún fragmento de esta obra.

mini BIOGRAFÍAS

Leonardo da Vinci

El genio del Renacimiento

José Morán
Ilustrado por Carmen Guerra

Sumario

- El Código Leonardo 6
- Entre olivos y lagartos 8
- Florencia 10
- De aprendiz a maestro 12
- ¿Cómo era Leonardo? 14
- Milán 16
- La Última Cena 18
- Malos tiempos 20
- La Mona Lisa 22
- Roma 24
- Francia 26
- Inventos de Leonardo 28
- Enigmas de Leonardo 30
- Epílogo 32

El Código Leonardo

Leonardo da Vinci es uno de los personajes más asombrosos de la Historia. Aunque murió hace casi seiscientos años, está más vivo que nunca. Y es que la grandeza y trascendencia de las personas se miden por su capacidad de resistir el paso del tiempo. Leonardo fue un hombre universal que se adelantó a su época, un humanista, un «hombre orquesta». Su curiosidad y afán de saber no tenían límites. El carácter polifacético de su obra resulta sorprendente: fue pintor, ilustrador, escultor, arquitecto, ingeniero, científico, filósofo, inventor, poeta, músico, dramaturgo, médico, cocinero…

Se han escrito más de dos mil libros sobre este genio florentino, que también despierta un interés creciente por los enigmas –no pocas veces inventados por motivos comerciales– que parecen ocultarse en algunas de sus creaciones. Si Leonardo levantara la cabeza, se quedaría estupefacto o se volvería a morir del susto, o de risa…

La verdad es que no existe un *Código Leonardo*. Para comprender a este hombre extraordinario, basta familiarizarnos con su vida y mirar su obra con sentido común, sin prejuicios.

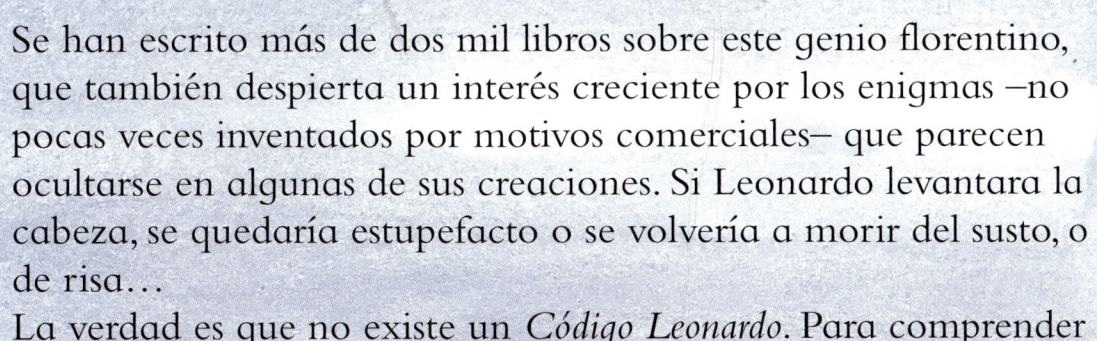

Entre olivos y lagartos

Leonardo fue un niño sensible y solitario nacido de una familia rota. Pasó la infancia en el campo, en contacto con la naturaleza, jugando con los animales y rodeado de silencio. **Apenas asistió a la escuela. Lo aprendió casi todo por su cuenta:** fue un autodidacta.

¿Cuándo nació?

Nació **el 15 de abril de 1452** en Anchiano, una aldea situada a 3 km de Vinci, a una jornada a pie de Florencia. Pasó la infancia en Vinci, y de ahí el apellido con el que se le conoce.

El primer recuerdo

Siendo adulto, rememoraba Leonardo: «El primer recuerdo de mi infancia fue estando todavía en la cuna. Vino hacia mí **un milano, me abrió la boca con la cola** y, repetidas veces, me golpeó con ella entre los labios».

Su familia

Leonardo fue hijo natural del notario Piero y la campesina Caterina, que no estaban casados. Se casarían más adelante, pero no entre ellos. Así que **Leonardo tuvo padre y padrastro, madre y madrastra.** Los primeros años de su vida los pasó con su madre y su abuelo.

El primer amor

Su primer amor **fue la naturaleza.** Creció entre viñedos, olivares, arroyos, huertas, árboles y colinas. Solía estar solo y allá en el campo le gustaba observar los colores, olfatear los olores, escuchar el sonido del viento y el agua.

Sus amigos

Sus primeros amigos fueron los animales. Hablaba con ellos, los dibujaba. **Sentía predilección por los caballos.** De mayor, tuvo en su estudio gatos, perros, lechuzas, salamanquesas… Nunca quiso vestir ropa hecha con pieles de animales y además se hizo **vegetariano**.

DIJO…

Leonardo escribió en sus Cuadernos: «Verdaderamente, **el hombre es el rey de los animales, pues su brutalidad supera a la de éstos**».

El primer miedo

Así lo describió Leonardo: «Llegué a la entrada de una cueva enorme, ante la cual permanecí durante un rato, estupefacto. Súbitamente advertí que se habían despertado en mí dos emociones: temor y deseo. Temor de **la cueva oscura y amenazadora** y deseo de ver si podía descubrir en ella alguna cosa maravillosa».

Florencia

En 1466, Leonardo, que ya tenía catorce años, **se va a vivir a Florencia** con su padre. Un día, le muestra unos paisajes que había dibujado. Al verlos, su padre se queda de una pieza y se los enseña a su amigo Verrochio, un renombrado artista. Y en 1468, Leonardo **entra como aprendiz en el taller de Verrochio.**

El Renacimiento

La invención de la imprenta y el descubrimiento de América marcan el comienzo del **Renacimiento, un momento histórico de gran optimismo,** humanismo y deseos de saber y disfrutar. Leonardo encarnará estos ideales.

La ciudad

Florencia **tenía unos cincuenta mil habitantes.** Desde el punto de vista artístico y comercial, era de las ciudades más prósperas del mundo, en buena parte gracias a los talleres de los artesanos.

Los mecenas

Los mecenas son hombres ricos y cultos que encargan obras de arte y mantienen con su dinero a los artistas. En aquellos tiempos, las familias poderosas y acaudaladas gobernaban las ciudades y favorecían el desarrollo de la arquitectura, la pintura, la escultura, la música, etc. En Florencia, estaban los Pazzi y, sobre todo, los Medici.

SORPRENDENTE

El Renacimiento es una época de gran interés por la cultura, pero también es un tiempo de guerras casi continuas. Llama la atención que **Florencia estaba fortificada por una muralla de once kilómetros con ochenta torres de vigilancia.**

De aprendiz a maestro

Leonardo vivió en el taller de Verrochio con otros aprendices y artistas desde los 16 hasta los 24 años. Después, se estableció por su cuenta y empezó a recibir encargos. Aquéllos **fueron para él unos años especialmente felices.**

A vista de pájaro

En 1471, Leonardo vivió **una experiencia que jamás olvidaría.** Tuvo la suerte de colaborar en la colocación de la cruz y el orbe que coronan la espectacular cúpula de la catedral de Florencia, construida por Brunelleschi. Leonardo subió los 463 peldaños y miró alrededor. Se le puso la carne de gallina. A esa altura (107 m), el paisaje era indescriptible. Desde entonces Leonardo se obsesionó con la idea de volar.

Maestro

En 1472, con sólo 20 años, fue admitido en el gremio de San Lucas (patrón de los pintores), lo que equivalía a ser **maestro pintor.**

Primeras obras

El primer cuadro completo de Leonardo del que se tiene noticia es *La Anunciación*, de 1474 (que se conserva en Florencia, en la galería Uffizi). Y su primer **retrato** es el de la bella dama *Ginebra de Benci*.

SORPRENDENTE

En *La Adoración de los Magos* (obra inacabada en la que Leonardo pintó su primer autorretrato), sorprende la ausencia de San José. Y no es la única vez: **Leonardo nunca incluirá a San José** en sus cuadros de la Sagrada Familia. Algunos opinan que la causa es la mala relación de Leonardo con su padre. Tanto que éste llegó a desheredarle.

Cambio de aires

En 1482, Leonardo hizo las maletas y **partió a Milán**. No estaba a gusto en Florencia, no se llevaba bien con los Medici y quiso probar suerte en la capital de Lombardía.

¿Cómo era Leonardo?

Leonardo tenía una personalidad muy original. Hombre de extraordinario talento, **sentía gran curiosidad por todo** y era un gran bromista, conversador y persona generosa, sin interés por la riqueza.

Dandi

Leonardo era físicamente muy atractivo: **alto, fuerte, de ojos azules y pelo largo rizado.** Hacia los cincuenta años se dejó barba. Era un dandi. Vestía con buen gusto y solía llevar una túnica muy elegante.

Observador

Leonardo **podría haber sido espía.** Se cuenta que cuando veía a un personaje pintoresco, lo seguía todo el día para estudiar su figura, andares y expresiones. Tomaba apuntes y después lo dibujaba. También se dice que invitaba a comer a gente desconocida que le llamaba la atención, para estudiar sus gestos, reacciones y forma de hablar.

Disperso

El mayor defecto atribuido a Leonardo es que dejaba muchos trabajos sin terminar. Era inconstante. Su insaciable curiosidad le llevaba a interesarse por nuevas ideas y abandonaba los trabajos que tenía a medias. Muchos de sus proyectos, entre otros su famosa *Enciclopedia*, quedaron inacabados.

Bromista

Leonardo tenía un gran sentido del humor. **Coleccionaba chistes y le encantaba gastar bromas.** Una vez, en su casa, vació los intestinos de un buey, los ató a un fuelle que tenía en otra habitación y los hinchó disimuladamente, de forma que los intestinos crecieron y crecieron hasta arrinconar a sus aterrados invitados. También modelaba con cera figuras de animales y luego los lanzaba al aire en las calles de mayor gentío. Se armaba una…

¿Sabías…

…que a Leonardo, como a los niños, le encantaban las adivinanzas, los jeroglíficos y los pictogramas? Él mismo se los inventaba.
En una ocasión, en la corte de Milán, dibujó un león en medio de un fuego junto a una mesa. ¿Qué quería decir? La solución: **leonardesco** (en italiano, **leone + ardere + desco**, que significa «mesa»).

Milán

Cuando contaba treinta años, Leonardo se instaló en la corte de Milán. Ludovico Sforza, **el duque de Milán**, llamado «el Moro», **lo contrató como músico, ingeniero y artista.** Fue su nuevo mecenas.

Cantautor

Leonardo cantaba acompañado por la lira para el duque, improvisando preciosas baladas y poemas. Su genialidad dejaba perplejo a todo el mundo.

Científico

Revolucionó los estudios de Anatomía. Sus dibujos del cuerpo humano eran los más detallados y exactos hasta entonces. **Para estudiarlo diseccionaba cadáveres.**

Arquitecto

En 1485, **Milán sufrió una terrible epidemia de peste** y murió la cuarta parte de la población. Para mejorar la higiene, Leonardo **diseñó la Ciudad Ideal del Futuro,** con muchos canales, anchas calles ventiladas y dos niveles: uno peatonal y otro subterráneo, para el transporte de mercancías y animales.

Escultor

En 1489, Ludovico Sforza le encargó un monumento ecuestre. **Leonardo hizo un caballo en arcilla.** Se expuso en plena calle y causó asombro. Era gigantesco (el triple del tamaño natural) y precioso, pero nunca llegó a fundirse en bronce. **Cuando los franceses tomaron Milán en 1499, lo destruyeron.**

Diseñador

También le encargó el duque la organización de las fiestas de palacio. Leonardo componía óperas, diseñaba decorados, concebía efectos especiales de luces, organizaba juegos acuáticos y **se inventaba alucinantes disfraces,** como los «hombres salvajes», que infundían pánico, y el «elefante músico», que hacía reír.

¿Sabías…

…que Leonardo **sólo completó el retrato de un hombre en toda su vida?** Lo pintó en aquellos años de Milán. Se trata de un músico que trabajaba en la catedral.

La Última Cena

En Milán, Leonardo realizó uno de sus mejores trabajos: el mural de *La Última Cena*. Esta obra se considera **lo más perfecto pintado hasta entonces**. Además, ha suscitado curiosas teorías.

¿Cuánto tardó?

Tardó tres años en realizarla. La terminó en 1498. Leonardo se subía al andamio para pintar y a veces permanecía trabajando sin bajar de ahí desde el amanecer hasta que se ponía el sol. Estaba tan concentrado que **se olvidaba de comer y beber**.

¿Cómo la pintó?

La pintó con una mezcla de óleo y temple que le permitía trabajar despacio y retocar. Pero con esta nueva técnica la pintura se fijaba peor a la pared y eso causó problemas. De hecho, **el mural se empezó a estropear** treinta años después.

Estropicios

De *La Última Cena* original ha quedado **muy poco**, sobre todo por culpa de la humedad. Además, en 1652 añadieron a la sala una puerta que cortó los pies de varios personajes. Por si fuera poco, el ejército de Napoleón utilizó aquel recinto como establo y la obra se deterioró. Los bombardeos de la Segunda Guerra Mundial también la dañaron. Ha sido **restaurada cuatro veces**...

San Juan

Algunos han dicho que el personaje situado a la izquierda de Jesús no es San Juan, sino María Magdalena. Ningún especialista en arte se ha tomado esto en serio. **Sin duda, se trata de San Juan**, pues casi todos los artistas lo han representado como un joven imberbe y delicado.

¿Sabías...

...que Leonardo se inspiró en personas reales como modelos para pintar a los apóstoles de La Última Cena? Incluso es posible que se retratara a sí mismo: el segundo empezando por la derecha se le parece bastante.

¿Pieza musical?

Recientemente, el músico Giovanni Pala ha escrito que **Leonardo dejó oculta en** *La Última Cena* **una canción** que dura cuarenta segundos.
Según él, cada pedazo de pan y cada mano del cuadro simboliza una nota musical que, al ser combinadas, suenan como un réquiem (que es una composición para las misas de difuntos).

Malos tiempos

Cuando los franceses toman Milán en 1499, el duque Ludovico, protector de Leonardo, huye y Leonardo también se marcha. Tras una breve estancia en Mantua, en la corte de Isabella d'Este (una gran coleccionista de obras de arte) y en Venecia, Leonardo se establece de nuevo en su tierra, Florencia.

Ingeniero

Allí concibió **un proyecto genial**: desviar el río Arno y convertirlo, mediante canales, en una vía navegable que uniese Florencia con el mar. Como tantas otras veces, su proyecto no se realizó.

Desastre

Le encargaron un enorme fresco, *La batalla de Anghiari,* que representara el valor de los florentinos. Leonardo realizó una bellísima composición, pero también esta obra quedó inconclusa. Al parecer **le vendieron un aceite adulterado que estropeó su trabajo.**

Miguel Ángel

En aquellos años, empezaba a despuntar en Florencia un joven artista, Miguel Ángel. **Leonardo y Miguel Ángel nunca se llevaron bien.** Parece ser que Miguel Ángel, al que le encargaron un fresco similar (que no se estropeó), se burló del fracaso de Leonardo. También discutieron sobre la ubicación del David, la escultura de Miguel Ángel, pues Leonardo quería que se pusiera en un lugar secundario.

Deshonrado

En 1504, muere el padre de Leonardo y él **es excluido del testamento** por ser hijo ilegítimo. Su padre, que había tenido once hijos con varias mujeres, desheredó a su primogénito. Esto afectó mucho a Leonardo, no tanto por el dinero como por sentirse injustamente deshonrado.

DIJO...

Leonardo destacó también como filósofo y hombre sentencioso. Escribió, por ejemplo:
—«Quien no castiga el mal ordena que se haga».
—«Reprende al amigo en secreto y alábalo en público».
—«La belleza perece en la vida, pero es inmortal en el arte».

Volar

Leonardo retomó su viejo proyecto de estudiar el vuelo de las aves, convencido de que también el hombre podía volar con unas alas adecuadas. Se inspiró, sobre todo, en el murciélago. Hizo algún intento de volar con su fiel amigo y ayudante Zoroastro, pero fracasó.
Adelantándose cuatro siglos, **dibujó diversas máquinas voladoras, entre ellas un helicóptero, y diseñó una especie de paracaídas.**

La Mona Lisa

Su segunda estancia en Florencia será recordada porque entre 1503 y 1506 Leonardo pintó *La Gioconda* o *Mona Lisa*. Se trata del cuadro más famoso del mundo, visitado hoy en el Museo del Louvre. Leonardo viajó siempre con él y lo conservó hasta su muerte. Por eso, muchos piensan que esta obra esconde un secreto.

¿Quién es ella?

Mona Lisa, en italiano, significa «Señora Lisa». Parece ser que la mujer del cuadro es **Lisa Gherardini, a la edad de veinticinco años.** Lisa estaba casada con Francesco Giocondo, quien encargó el retrato a Leonardo.

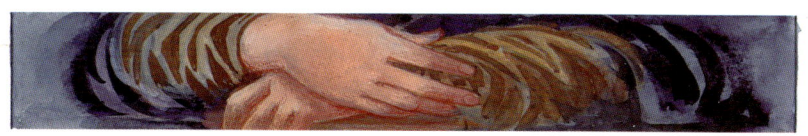

¿De qué se ríe?

Según algunos, su misteriosa sonrisa se debe a que estaba embarazada. Otros opinan que se ríe porque era amante de Leonardo. Según otros, se ríe porque es feliz…

¿Cuál es el secreto?

Hay quien dice que el «gran secreto» consiste en que, en realidad, se trata de un autorretrato de Leonardo. En cualquier caso, la sonrisa de *La Gioconda*, entre lo fugaz y lo eterno, constituye una maravillosa **metáfora sobre el tiempo**.

Desaparecido

El cuadro fue robado en 1911. El ladrón, un decorador italiano que había trabajado en el Louvre, lo escondió en su casa durante dos años y luego lo devolvió a la policía. Este episodio aumentó la popularidad de la *Mona Lisa*.

Icono

De hecho, hoy es un icono cultural… y comercial. **Abundantes novelas, canciones y películas están inspiradas en él.** Tampoco faltan copias humorísticas o publicitarias.

SORPRENDENTE

Se ha llegado a decir que Mona Lisa es una bruja, una diosa egipcia, una duquesa española, una vecina de Leonardo, su propia madre, un homenaje al eterno femenino, una mujer fatal, una síntesis de lo masculino y lo femenino… En cada época se reinterpreta este retrato, aunque pocas veces se dice sobre él algo nuevo con fundamento científico.

Roma

Desde Florencia, Leonardo partió de nuevo a Milán, donde pintó dos importantes obras: *La Virgen y el Niño con Santa Ana* y el **San Juan Bautista,** acaso **su último cuadro.** De Milán se fue a Roma, pasando por Venecia. Ya tenía sesenta años.

Melzi

En 1507 conoció Leonardo a su último y mejor amigo. Se llamaba **Francesco Melzi** y era un joven aristócrata que se convirtió en su discípulo, secretario y amigo incondicional. **Estuvo con él hasta su muerte.**

En el Vaticano

En Roma, Leonardo se estableció en el Vaticano, en una mansión llamada Belvedere, al servicio de **su nuevo mecenas, Giuliano de Medici,** hermano del papa León X. Allí vivió tranquilo.

¿Brujería?

En Belvedere, Leonardo instaló un laboratorio. **Investigaba con espejos y experimentaba con diversas pócimas desconocidas,** ayudado por su fiel Zoroastro (que murió poco después). Por esas actividades, junto a su curioso aspecto de anciano de largas barbas, se ganó cierta fama de loco y de mago. Incluso fue acusado de brujería en una carta anónima.

El rey Francisco

En 1515, Leonardo viajó a Bolonia acompañando al Papa, que se iba a entrevistar con Francisco I, el nuevo rey de Francia. Leonardo y Francisco I se cayeron muy bien. Tanto que **Leonardo decidió marcharse a Francia con el rey,** a pasar sus últimos años bajo su protección.

SORPRENDENTE

Con motivo de la coronación de Francisco I, **Leonardo construyó un león mecánico,** un autómata que causó gran sensación. El león de juguete fue capaz de desplazarse él solo hasta el trono del rey y abrir la boca, de la que dejó caer un ramo de flores de lis (emblema de la familia real francesa).

Francia

Leonardo, ya anciano, pasó su vejez plácidamente en Francia. **Tenía el brazo derecho paralizado,** pero eso no le impidió trabajar en diversos proyectos, aunque se dedicó, sobre todo, a ordenar sus *Cuadernos*.

¿Dónde vivió?

Francisco I, su último mecenas, **regaló a Leonardo una mansión** muy tranquila **en Cloux,** junto a Amboise, donde vivía el rey. Allí pasó sus últimos años.

Últimos trabajos

Leonardo realizó diversos bocetos de proyectos urbanísticos y trabajó en la canalización del río Loira. También, como en sus tiempos de Milán, diseñó decorados y originales escenografías para las fiestas palaciegas (por ejemplo, **obuses de papel y una lluvia de globos**).

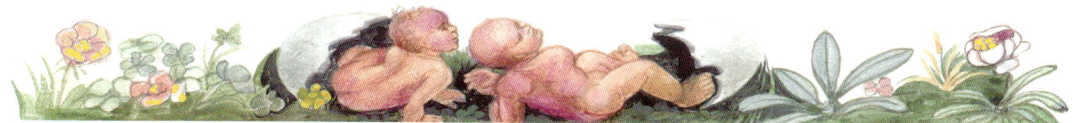

> ### DIJO...
> Leonardo escribió sobre la muerte:
> —«Mientras pensaba que estaba aprendiendo a vivir, he aprendido a morir».
> —«Así como una jornada bien empleada produce un dulce sueño, así una vida bien usada causa una dulce muerte».

Testamento

Sintiendo cercana la muerte, hizo testamento. **Dejó a Francesco Melzi sus Cuadernos.** La mansión, los muebles y la ropa los repartió entre sus sirvientes, y a sus hermanastros les dio el dinero.

¿Cuándo murió?

Según cuenta Vasari, el primer biógrafo de Leonardo, **murió** en su cama **el 2 de mayo de 1519,** en la mansión de Cloux, **en brazos del propio rey.** Tenía sesenta y siete años.

Inventos de Leonardo

Leonardo fue un genio polifacético que se adelantó a su época. Tuvo ideas que se llevaron a la práctica cuatrocientos años después y otras que nunca llegaron a realizarse. La mayoría de sus **asombrosos inventos** aparecen en sus *Cuadernos*.

Los Cuadernos

Son como una gran enciclopedia desordenada. **Constan de siete mil hojas de texto manuscrito y dibujos** que versan sobre incontables materias: Anatomía, Astrología, Botánica, Escultura, Filosofía, Medicina, Música, Pintura… Hoy están dispersos por las bibliotecas de medio mundo.

Las libretas

Leonardo **llevaba siempre consigo libretas de bolsillo en las que tomaba nota de todo** lo que se le ocurría: una idea, un chiste, una poesía, una sentencia filosófica, un experimento…
También dibujaba en ellas lo que le llamaba la atención: un rostro, un gesto, un pictograma…

Aparatos

A lo largo de su vida, Leonardo **diseñó toda suerte de ingenios:** puentes, canales, presas, cañones, catapultas, bombas de agua, grúas, telescopios, telares…

Ciencia ficción

Otros inventos de Leonardo eran, en aquella época, pura ciencia ficción: **ciudades subterráneas, casas prefabricadas, aviones, helicópteros, bicicletas, submarinos...**
Incluso diseñó una especie de robot que podía mover la cabeza, los brazos y las piernas. ¿Y sus intentos de obtener energía solar con espejos?

Curiosidades

Pero Leonardo también aplicó su ingenio a los pequeños inventos caseros para mejorar la calidad de vida. Así, diseñó un **tenedor** especial, de tres dientes, para enganchar los incómodos espaguetis. Ideó diversas **recetas** que hacían más llevaderas las labores culinarias (caldo de vaca en pastillas, pastel de pastor…). Incluso desarrolló un curioso **retrete** de tapa plegable, con tubería de agua y ventanilla giratoria para la higiene.

SORPRENDENTE

Cuando vivía en Milán, en la corte de Ludovico el Moro, **Leonardo inventó la servilleta.**
En aquellos tiempos, **la gente comía con los dedos y se limpiaba en la piel de un conejo** que ataban a las sillas. O peor, se limpiaban en el mantel, que quedaba inservible. A Leonardo, harto de tanta suciedad, se le ocurrió la idea de poner un pequeño paño para cada comensal.

Enigmas de Leonardo

Leonardo fue un hombre enigmático. Era un maestro de los acertijos y de lo escondido. Le encantaba ser ambiguo, poco claro, pero a costa de su tendencia a lo misterioso, **se han inventado muchas cosas acerca de él y sus obras.** Sí, Leonardo fue un hombre enigmático pero también un bromista…

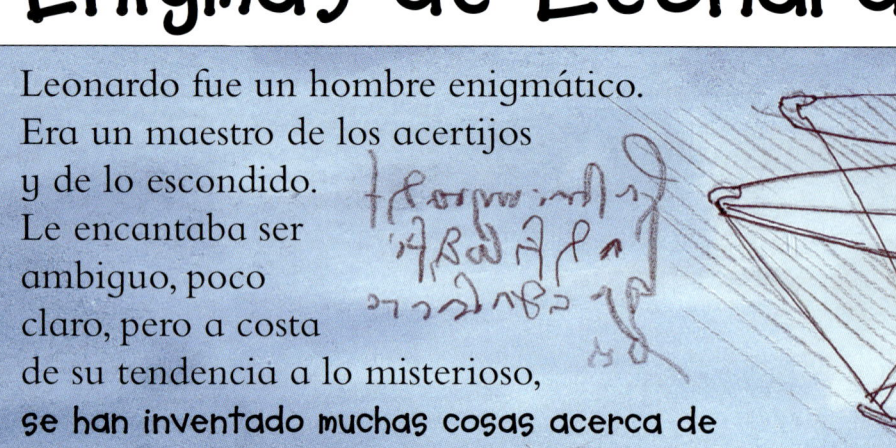

¿Fue a Egipto?

Algunos han especulado sobre un posible viaje de Leonardo a Egipto entre 1472 y 1483, con objeto de iniciarse en ciencias ocultas y religiones secretas.
No. Es seguro que **Leonardo no estuvo nunca en Egipto,** ni en Estambul, como también se ha dicho.

¿Homosexual?

Mucho se ha escrito sobre la posible homosexualidad de Leonardo. Ciertamente, hay algunos indicios razonables para pensar que quizá lo fuera, pero **no es un hecho comprobado.** Por otra parte, tampoco ese dato añade ni quita nada a su maestría: ¿qué más da que lo fuera o no?

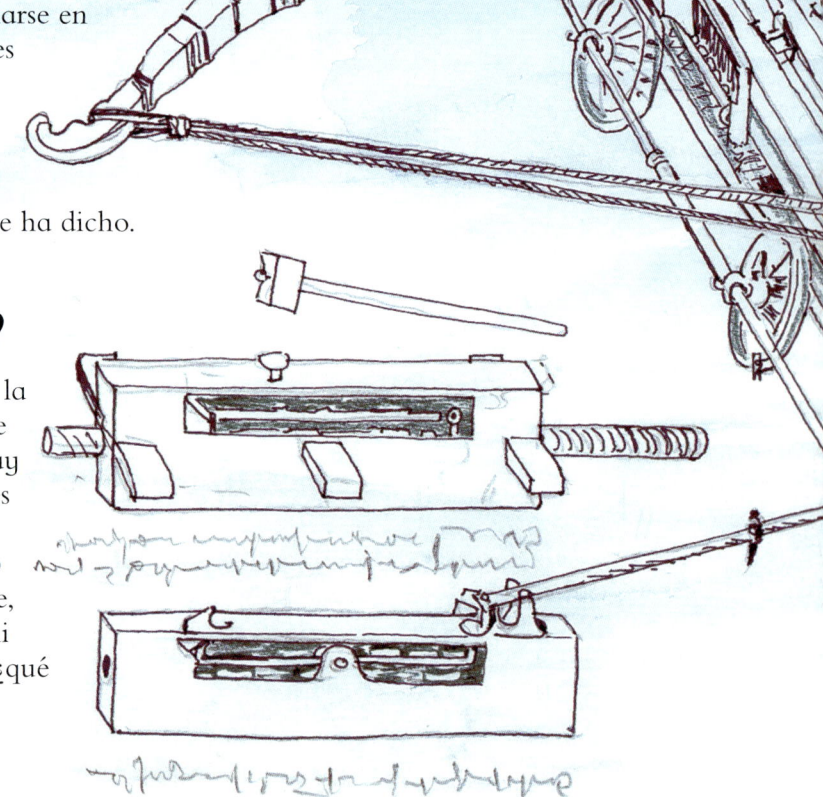

El pájaro

Leonardo nos ha dejado **misteriosas figuras ocultas en algunas de sus pinturas.** Es famoso el pájaro escondido en el manto de la Virgen, que puede verse, si se gira el lienzo, en el cuadro *La Virgen y el Niño con Santa Ana*. La cola del pájaro llega hasta la boca del Niño, tal como relata Leonardo al hablar de su primer recuerdo.

El ahogado

En ese mismo cuadro, en el paisaje del fondo, si se aumenta el relieve y el contorno de las rocas, puede intuirse la figura de **un hombre de perfil con la boca abierta.** Esta imagen ha pasado a la historia con el nombre de «el ahogado». ¿Casualidad? ¿Juego? No lo sabemos.

¿Sabías...

...que **Leonardo era zurdo** y escribía de derecha a izquierda, utilizando la escritura especular? En otras palabras: **sin un espejo, no hay manera de leer sus escritos.** Algunos expertos opinan que escribía así para proteger sus ideas y diseños de posibles plagios, copias y robos, o de la Inquisición.

Epílogo

No sólo la genialidad de Leonardo resulta sorprendente. También fascina su familiaridad, su afán por aprender de las cosas más cercanas y aparentemente vulgares. En efecto, resulta que el hombre más inteligente de la Historia, el gran artista que pintó la *Mona Lisa* y revolucionó la Anatomía, coleccionaba chistes y **escribía entusiasmado sobre la mejor forma de espantar a las moscas de la cocina**. Como colofón, nada mejor que leer algunos entrañables **consejos de Leonardo para conservar la salud**:

«No comas sin apetito y cena siempre ligero».
«Mastica bien e ingiere sólo alimentos sencillos y bien cocinados».
«Guárdate de la ira y evita los aires viciados».
«Después de las comidas, permanece de pie un rato».
«Mejor no duermas a mediodía».
«Bebe vino con agua, poco, pero con frecuencia».
«No retrases ni prolongues tus visitas al cuarto de baño».
«Si haces ejercicio, que no sea muy intenso».
«Arrópate bien por la noche y mantén la cabeza serena».